AF586751

LES

CORPORATIONS OUVRIÈRES

DE PARIS

DU XIIe AU XVIIIe SIÈCLE

HISTOIRE, STATUTS, ARMOIRIES

D'APRÈS DES DOCUMENTS ORIGINAUX OU INÉDITS

PAR

ALFRED FRANKLIN

PERRUQUIERS-COIFFEURS

(Cette livraison ne renferme pas de planche d'armoiries)

PARIS

LIBRAIRIE DE FIRMIN-DIDOT ET Cie

56, RUE JACOB, 56

1884

Prix : 1 franc

BARBIERS

BAIGNEURS, PERRUQUIERS, COIFFEURS.

En décembre 1637, Louis XIII créa une nouvelle corporation de Barbiers, celle des *Barbiers-barbants,* à laquelle toute pratique chirurgicale était défendue[1]. Les Barbiers-Chirurgiens réclamèrent, et l'affaire fut portée au parlement qui procéda avec une sage lenteur. Au mois de décembre 1659, Louis XIV intervint, et confirma la création faite par son prédécesseur. L'édit rendu à cette occasion ne put encore être exécuté, et fut renouvelé le 23 mars 1673.

En vérité, il n'était que temps, et jamais la nécessité de constituer une corporation ne s'était fait plus vivement sentir. Car enfin, il faut tout dire, depuis près d'un siècle, les Parisiens négligeaient fort les soins les plus élémentaires de la toilette; ils avaient même perdu à peu près complètement l'habitude de se laver. Esquissons à grands traits l'histoire de la propreté en France.

On fut assez propre au moyen âge, surtout dans la classe aisée. Les croisés, qui avaient laissé tant de choses en Orient, en avaient du moins rapporté le goût des bains, et de bonne heure les *étuves* s'étaient multipliées à Paris. La *Taille de 1292* en mentionne 26, réparties à peu près dans tous les quartiers[2]. Chaque matin les valets Étuveurs parcouraient les rues, annonçant que les bains étaient prêts :

> Oiez c'on crie au point du jor[3] :
> Seigneur, quar vous alez baingnier
> Et estuver sanz delaier[4],
> Li baing sont chaut, c'est sanz mentir[5].

Les statuts des Étuveurs figurent dans le *Livre des métiers*[6], mais ils y ont

[1] Voy. l'article *Barbiers-Chirurgiens.*

[2] Le souvenir des étuves s'est conservé à Paris dans le nom de plusieurs rues. La *rue des Étuves Saint-Martin* (devenue rue des Vieilles-Étuves), la *rue des Étuves Saint-Honoré* (aujourd'hui rue Sauval), et le *cul-de-sac des Étuves* dans la rue Marivaux (aujourd'hui rue Nicolas-Flamel) possédaient déjà chacune une étuve en 1292. On peut citer encore la *rue des Écouffes,* que le plan de Tapisserie (1540) nomme rue des Étuves. La partie de la rue *Mignon* qui aboutit au boulevard Saint-Germain a porté le même nom, ainsi que la *rue du Chat-qui-pêche*, le *cul-de-sac des Peintres* et la *rue de l'Arche-Marion;* cette dernière, appelée d'abord *rue de l'Abreuvoir Thibaut-aux-Dés*, avait pris le nom de la femme qui y tenait des étuves.

[3] Jour.

[4] Sans différer.

[5] A. F., *les Cris de Paris au XIIIe siècle*, p. 154.

[6] Titre LXXIII.

été insérés après la mort d'Étienne Boileau, car l'écriture date du quatorzième siècle seulement. Ils offrent, d'ailleurs, un grand intérêt comme peinture des mœurs de l'époque.

Le métier était libre : « Quiconques veut estre Estuveur en la ville de Paris, estre le peut franchement, pour tant que il euvre selonc les us et les coustumes du mestier, faites par l'acort du commun[1], qui telz sont[2]. »

Nul ne doit annoncer ni faire annoncer l'ouverture des étuves avant le point du jour, « pour les perilz qui pevent avenir en ceus qui se lievent au dit cri pour aler aus estuves[3] ». Ces périls prouvent le peu de sûreté que présentaient les rues pendant l'obscurité.

« Que nuls du dit mestier ne soustiengne en leurs mesons ou estuves bordiaus de jour ne de nuit, mesiaus ne meseles, reveurs[4], ne autres genz diffamez de nuit[5]. »

« Et paiera chascunne personne pour soy estuver deus deniers; et se il se baigne, il paiera quatre deniers. Et pour ce que en aucun temps buche, charbon sont plus chiers une fois que autre, » le prévôt de Paris pourra élever le prix d'entrée des étuves, « par le rapport et serement[6] des bones genz du dit mestier[7] ».

Un article, probablement postérieur à ces premiers statuts[8], nous montre qu'on allait aux étuves le soir aussi bien que le matin, que souvent on y restait toute la nuit, et qu'il s'y passait entre « hommes et dames des choses qui ne sont pas belles à dire ». Il s'exprime ainsi : « Que nuls ne chaufe estuves à Paris que pour hommes tant seullement, ou pour fames, lequel qui li plera, car c'est vil chose et honteuse, pour les ordures et pour les perilz qui y pevent avenir; quar quant les hommes s'estuvent par devers le soir, aucune foiz il demeurent et gisent leens[9] jusques au jour qu'il est haute heure. Et les dames vienent au matin es dictes estuves, et aucune foiz vont es chambres aus hommes par ignorance; et assés d'autres choses qui ne sont pas belles à dire. »

Les étuves étaient fermées les dimanches et fêtes[10].

Trois Jurés surveillaient et administraient la corporation[11].

En dépit de ces sages règlements, les étuves continuèrent à servir de lieux de plaisirs, et rien ne paraît avoir été changé pendant longtemps à leur organisation. Au commencement du seizième siècle, on criait encore les étuves au point du jour :

C'est à l'image Saincte Jame
Où se vont baigner ces femmes.
Et baignez et estuvez. Allez.

[1] L'accord des membres de la corporation.

[2] Article 1. — [3] Article 2. — [4] Lépreux ni lépreuses, vagabonds. — [5] Article 3. — [6] Serment. — [7] Article 4. — [8] Il se trouve seulement dans le manuscrit le moins ancien du *Livre des métiers*. — [9] Là, dedans. — [10] Article 4. — [11] Article 6.

Bien servies vous y serez
De varletz, de chambrières,
De la dame, bonne chère,
Allez tost les baings sont prestz [1].

Ces bains se prenaient dans des baquets de bois, car la baignoire de métal est d'invention récente. Isabeau de Bavière paya en 1416 treize sous pour faire « desassembler et rassembler, recingler et relier tout de neuf deux cuves à baigner » pour son usage. Deux cents ans plus tard (1607), la reine Marie de Médicis commandait à Jehan Baudoyer, son « menuisier ordinaire, une baignoire avec un petit siège bas et ung couvercle de bois qui se brize, avec un entonnoir et un tuyau de bois pour mectre l'eau chaulde jusques au fond [2] ».

Revenons au seizième siècle et aux étuves. Leur vogue ne se soutint pas. Endroits de perdition, anathématisés à la fois par les prédicateurs catholiques et par les ministres protestants, les étuves furent abandonnées. La morale y gagna certainement, mais nous allons voir tout ce qu'y perdit la propreté. Les étuves fermées, à qui s'adresser pour les soins du corps? Restaient seulement les Barbiers-Chirurgiens, dont les boutiques n'avaient rien d'attrayant. Dans un réduit obscur gisaient trois ou quatre baquets destinés surtout aux malades; quant au maître Barbier, il était là, prêt à vous rendre ses petits services, essuyant ses mains qui venaient de panser un cautère ou d'ouvrir un abcès. Entre deux maux, il faut choisir le moindre. Les Parisiens prirent leur parti, et sans trop de peine, semble-t-il. On cessa d'aller au bain. Puis, l'habitude de l'eau une fois perdue, on finit par ne plus se laver du tout, même chez soi. Une charmante et élégante reine, Marguerite de Navarre, dans un dialogue amoureux composé par elle [3], trouve tout naturel de dire à son amant : « Voyez ces belles mains; encore que je ne les aye point descrassées depuis huict jours, gageons qu'elles effacent les vostres. » Rabelais [4] raconte comme chose fort ordinaire que Panurge cueillit un pou sur le sein de la belle Lingère du Palais. Panurge l'y avait mis, c'est vrai; mais la Lingère ne semble pas s'être étonnée le moins du monde de la découverte. Vers 1640, parurent enfin les *Loix de la galanterie* [5], code du bon ton à l'usage des petits maîtres; on y apprend avec surprise quels raffinements de soins la mode imposait alors aux galants du grand monde. Lisez : « L'on peut aller quelquefois chez les Baigneurs pour avoir le corps net, et tous les jours l'on prendra la peine de se laver les mains. Il faut aussi se faire laver le visage presque aussi souvent, et se faire razer le poil des jouës, et quelquefois se faire laver la teste... Vous aurez

[1] *Les cent et sept cris que l'on crie journellement à Paris*, 1545, in-12.

[2] Voy. le *Glossaire archéologique* de Gay, p. 104.

[3] *La ruelle mal assortie*, dans le *Nouveau recueil des pièces les plus agréables de ce temps* (Paris, 1644), p. 114.

[4] *Pantagruel*, liv. II, ch. 16.

[5] Dans le *Recueil* cité ci-dessus, p. 1 et suiv.

un valet de chambre instruit à ce mestier, ou bien vous vous servirez d'un Barbier qui n'ait autre fonction, et non pas de ceux qui pansent les playes et les ulcères, et qui sentent tousjours le puz ou l'unguent. Outre l'incommodité que vous en recevez, il y a danger mesme que, venant de panser quelque mauvais mal, ils ne vous le communiquent; tellement que vous ne les appellerez que quand vous serez malade. Et en ce qui est de vous accommoder le poil, vous aurez recours à leurs compétiteurs qui sont Barbiers barbans [1]. »

Notre manuel ne parle pas des femmes; mais la mode est toujours donnée par elles. Si elles eussent eu soin de leur personne, auraient-elles pu souffrir auprès d'elles ces galants malpropres? Remarquez que, de ce temps, date la fureur des cosmétiques, des fards, des essences, des pâtes, des parfums, qui ne se calma qu'au commencement du règne de Louis XIV [2]. Il faut donc se rendre à l'évidence, et se représenter telle qu'elle était la haute société du seizième siècle. S'il y avait, par exemple, gala au Louvre, gentilshommes et grandes dames, bardés de crasse, mais couverts de parfums, de perles et de pierreries, montaient sur un cheval ou un mulet [3], la femme en croupe derrière son mari [4]. On se mettait à table, et les convives, s'aidant un peu du couteau, mangeaient avec les doigts, engluant leur serviette, qu'on était forcé de changer après chaque plat [5].

Quand l'excès de la propreté eut été porté à ce point qu'un raffiné dut se laver le visage « presque tous les jours », on comprit enfin ce que présentaient de répugnant les multiples attributions des Barbiers-Chirurgiens, et les Barbiers-barbants furent créés.

La corporation ne fut définitivement instituée que par l'édit du 23 mars 1673 [6]. « Nous avons reconnu dès il y a long-temps, dit le roi, que l'usage de faire le poil et de tenir des bains et étuves, et les soins que l'on apporte à tenir le corps humain dans une propreté honneste, estant autant utile à la santé que pour l'ornement et la bienséance, par nostre édit du mois de décembre 1659, nous aurions ordonné l'établissement d'un corps et communauté de *Barbiers-Baigneurs-Étuvistes-Perruquiers* [7], réduits à deux cens, pour en faire profession particulière, distincte et séparée de celle des maistres Chirurgiens-Barbiers ». Ces deux cents charges étaient vendues par le roi et déclarées héréditaires.

[1] Pages 15 à 17.

[2] Voy. l'article *Gantiers-Parfumeurs*.

[3] En 1550, il n'y avait encore à Paris que trois carrosses. Ils commençaient à être nombreux cent ans plus tard. Les *Loix de la galanterie* s'expriment ainsi : « De quelque condition que soit un galand, nous luy enjoignons d'avoir un carrosse s'il en a le moyen, d'autant que lors que l'on parle aujourd'huy de quelqu'un qui fréquente les bonnes compagnies, l'on demande incontinent : *A-t-il carrosse?* et si l'on respond que oüy, l'on en fait beaucoup plus d'estime... C'est aussi une chose infâme de s'estre croté de son pied d'un bout de la ville à l'autre, quand mesme l'on auroit changé de souliers à la porte... » (Pages 11 à 13.)

[4] Voy. Montfaucon, *Monumens de la monarchie françoise*, t. V, p. 314.

[5] Voy. l'article *Couteliers*.

[6] Biblioth. nationale, manuscrits Delamarre, *Arts et métiers*, t. II, f° 112.

[7] Les actes officiels les nomment dans la suite *Barbiers-Perruquiers-Baigneurs-Étuvistes*.

L'année où fut rendu cet édit est précisément celle où Louis XIV consentit à porter perruque. Il avait trente-cinq ans quand il se soumit à cette mode, que son opulente chevelure lui donnait le droit de mépriser. On composa pour lui, dit M. Quicherat[1], des perruques avec des jours par où passaient les mèches de ses cheveux, dont il ne voulait pas faire le sacrifice. Son fils, le grand Dauphin, n'y mettait pas tant de façons : « Monseigneur, écrit Dangeau, a encore fait raser ses cheveux, qui étaient revenus plus beaux que jamais. Il trouve la perruque plus commode[2]. »

L'usage des faux cheveux doit être aussi ancien que la coquetterie féminine, et c'est remonter bien haut. Dès l'époque romaine, les femmes portaient de fausses nattes, le commerce des cheveux était en pleine activité, et on allait en chercher des cargaisons sur la rive droite du Rhin. Le dominicain Gilles d'Orléans, qui prêchait à Paris vers 1273, tonna en chaire contre les femmes qui portaient des cheveux d'emprunt, « des cheveux de mortes, » disait-il, et ce qui est bien pis, « des cheveux de personnes qui gémissent peut-être au fin fond de l'enfer ». Sous Henri III et Henri IV, toutes les femmes portaient de faux chignons. Les hommes n'adoptèrent définitivement la perruque que sous Louis XIII, mais c'est au règne suivant qu'elle arriva à son apogée. Le *Livre commode pour 1692*[3], nous a conservé les noms de Pascal, de Pelé, de Jordanis, de Vincent « renommez pour faire les perruques de bon air » ; de La Roze, « renommé pour les perruques abbatiales » ; de Binet enfin, le célèbre fournisseur du roi, et le créateur des perruques dites *binettes*, expression qui a fini par désigner dans le langage populaire la tête elle-même. A Versailles, entre la chambre à coucher et la salle du conseil, était le cabinet des perruques du roi ; elles reposaient dans des armoires vitrées qui entouraient la pièce ; de distance en distance se dressaient des têtes d'enfants, au nombre de vingt, qui servaient aux essayages, aux remaniements. Les formes variaient suivant que Louis XIV allait à la chasse, recevait des ambassadeurs ou restait dans ses appartements. Quant au premier barbier, il ne quittait guère la cour[4], et comptait parmi les cinq cents personnes, distribuées en cinq tables, qui avaient droit de manger chez le roi. « Avant que le Roy se lève, dit un contemporain[5], le sieur Quentin, qui est le Barbier, et qui a soin des perruques, se vient présenter devant Sa Majesté, tenant deux perruques ou plus, de différente longueur. Le Roy choisit celle qui lui plaît, suivant ce qu'il a résolu de faire la journée... Le Roy suffisamment peigné, le sieur Quentin lui présente la perruque de son lever, qui est plus courte que celle que

[1] *Histoire du costume*, p. 513.

[2] *Journal*, 27 novembre 1687 ; t. II, p. 71.

[3] T. II, p. 40.

[4] Binet demeurait rue des Petits-Champs. Legrain, premier Barbier de Monsieur, logeait au Palais-Royal.

[5] Trabouillet, *État de la France pour 1712*, p. 255, 258 et 307.

Sa Majesté porte ordinairement et le reste du jour. Sa Majesté aïant mis sa perruque, les Officiers de la Garderobe s'approchent pour habiller le Roy... Le Roy dans la journée change de perruque : comme quand il va à la messe, après qu'il a diné, quand il est de retour de la chasse, de la promenade, quand il va soûper, etc. »

L'article 63 des statuts de 1718 accorde aux Barbiers-Perruquiers le monopole de « la vente et revente des cheveux » ; les marchands en gros devaient, avant d'écouler leurs ballots, les apporter au bureau de la corporation pour les faire examiner. Le triomphe de la perruque alors était complet, et il se faisait une incroyable consommation de poil. Les têtes des femmes vivantes et mortes étaient mises à contribution dans les quatre parties du monde, et le commerce des cheveux prit une extension considérable. Colbert songea même à en arrêter l'importation, qui menaçait, disait-il, de devenir aussi ruineuse pour l'État que l'avait été naguère celle des ouvrages de fil. Mais les Perruquiers se montrèrent meilleurs économistes que le ministre. Ils dressèrent des statistiques et démontrèrent, chiffres en mains, que la vente des perruques à l'étranger faisait rentrer plus d'argent dans le royaume qu'il n'en sortait par l'achat des cheveux[1]. En effet, l'Angleterre, l'Allemagne, l'Espagne, l'Italie, etc., étaient nos tributaires ; le perruquier français avait acquis déjà dans toute l'Europe la réputation qu'il conserva jusqu'à la fin d'être un artiste inimitable. Le commerce en gros était représenté à Paris par les sieurs Pelé, Vincent, Potiquet, Rossignol, etc., ces deux derniers demeuraient « sous la galerie des Innocents[2] ». Tous ces commerçants avaient des coupeurs qui parcouraient la Normandie, la Flandre, la Hollande ; certains villages fournissaient jusqu'à dix livres de cheveux, qui devaient toujours avoir de vingt-quatre à vingt-cinq pouces de long. Les cheveux des pays chauds étaient réputés mauvais ; les plus estimés étaient ceux de Normandie, que l'on nommait *cheveux de pays*. L'Angleterre en fournissait fort peu, « le peuple qui est à son aise, ne consentant pas aisément à laisser couper les cheveux de leurs femmes et de leurs filles ; aussi les Anglais sont-ils obligés d'en tirer de Flandre pour leur propre usage. » Le prix variait entre quatre francs et cinquante écus la livre ; les plus chers étaient les blonds et les blancs. On appelait *cheveux vifs*, ceux qui avaient été coupés sur la tête de leur propriétaire, vivante ou morte ; *cheveux morts*, ceux qui avaient été arrachés par le peigne ou étaient tombés à la suite de quelque maladie ; *cheveux naturels*, ceux qui étaient frisés naturellement. Au commencement du dix-huitième siècle, il y avait à Paris une cinquantaine de marchands de cheveux[3].

La rareté des cheveux était devenue telle à la fin du règne de Louis XIV

[1] *Encyclopédie méthodique*, Arts et métiers, t. VI, p. 259.

[2] Nicolas de Blegny, *le Livre commode pour 1692*, t. II, p. 41.

[3] Voy. Savary, *Dictionnaire du commerce*, t. I, p. 746.

qu'on fut obligé de fabriquer en crin les perruques communes. Jean-Paul Marana écrivait vers 1700 : « Depuis que la perruque a été reçue, les têtes des morts et celles des femmes se vendent cher, étant la mode que les sépulcres et les femmes fournissent le plus bel ornement à la tête des hommes[1]. » Sous Louis XV, l'énorme perruque in-folio, privilège de la haute société, perdit singulièrement de son crédit; diminuée d'abord, on la sépara ensuite en trois touffes, qui formèrent les *cadenettes* sur les côtés et la *queue* par derrière. On eut encore à cette époque le *bichon* ou perruque de chasse, la *perruque de procureur,* la *perruque brisée,* la *perruque à marteau*[2], qu'affectionnaient surtout les médecins et les apothicaires, la *carrée,* la *moutonne;* puis sous Louis XVI les perruques *à oreilles, à la panurge, à la grecque, à la Sartine, à la brigadière, à bourse* adoptée par la valetaille, *à la circonstance,* etc., etc. Tout le monde en portait, les nobles comme les roturiers, les bourgeois, les maîtres des métiers, les ouvriers même; le moindre laquais aurait eu honte de se montrer avec ses propres cheveux, et la condition des personnes se reconnaissait à la forme de leur perruque. Elle s'y reconnaissait d'autant mieux que le poids de ces tresses empruntées avait fait presque complètement abandonner l'usage de toute autre coiffure. C'est de là qu'est née notre coutume de rester la tête nue en société. Avant que la perruque fût devenue d'un usage général, on ne se découvrait guère que pour saluer; puis la profusion de faux cheveux dont on se chargea modifia si bien cette habitude que le tricorne est souvent désigné sous le nom de *chapeau de bras,* place qu'en effet il ne quittait guère. M. Quicherat[3] avance, d'après un passage des *Mémoires du duc de Luynes*[4], que, même à la table de Louis XIV, les gentilshommes restaient couverts. C'est aller un peu loin, et Saint-Simon[5] établit très bien le contraire. Longtemps avant qu'il fût question de perruques, on ne se découvrait pas volontiers, parce qu'on était affublé du chaperon, coiffure compliquée fort difficile à ôter et surtout à remettre[6]; mais depuis que le chaperon eut fait place aux chapeaux et aux toquets, on se découvrit toujours devant le roi. Par contre, on ne devait saluer personne en sa présence, pas même le Dauphin[7].

La Révolution eut l'honneur de détrôner la ridicule mode des perruques. Encore lui résista-t-elle longtemps. Les vieillards, que l'usage des faux cheveux avait rendus chauves, s'obstinèrent surtout dans les vieilles coutumes, et la jeunesse les qualifia fort impertinemment de *têtes à perruques.*

Mais il est temps de reprendre l'histoire de la nouvelle corporation. Elle avait reçu, le 14 mars 1674, des statuts qui furent renouvelés le 26 avril 1718[8]. Ces der-

[1] J.-P. Marana, *Lettre d'un Sicilien*, p. 42.

[2] On nommait *boudins* ou *marteaux* les boucles symétriques qui terminaient la plupart des perruques.

[3] *Histoire du costume en France,* p. 564.

[4] Tome II, p. 201.

[5] Édit. de 1881, t. II, p. 276.

[6] Voy. l'article *Chapeliers.*

[7] Voy. une lettre de madame de Sévigné, du 26 mai 1683 ; t. VII, p. 238.

[8] *Statuts et règlemens pour la Communauté des*

niers sont composés de 69 articles, que je ne puis me dispenser d'analyser.

Le premier Chirurgien du roi conservait son titre de « chef et garde des chartes, statuts et privilèges de la Barberie du Royaume ». Il avait sur la communauté des *Barbiers-Perruquiers-Baigneurs-Étuvistes* « toute inspection et juridiction ». Il devait choisir son mandataire, « son lieutenant, » parmi les anciens Jurés de la corporation [1].

Celle-ci se composait du premier Chirurgien du roi, de son Lieutenant, d'un Greffier, de six Jurés ou Prévôts-Syndics, des anciens Syndics et des Maitres [2].

Les Jurés étaient élus pour deux ans [3] par une délégation formée du premier Chirurgien du roi, de son Lieutenant, des six Jurés, de tous les maîtres Anciens et de quinze Modernes [4]. Ils avaient droit de visite chez les Barbiers-Chirurgiens, et ces derniers droit de visite chez les Barbiers-Perruquiers [5]. Assistés d'un sergent à verge, ils devaient faire au moins quatre visites par an chez chaque maitre, « pour voir si les perruques et cheveux qui seront exposés en vente au public sont bons et marchands ». Il était dû aux Jurés quinze sous par visite [6].

Le Conseil de la corporation était composé de trente personnes : le premier Chirurgien, son Greffier, son Lieutenant, le Doyen, les six Jurés et vingt Anciens [7]. Il se réunissait tous les mardis à deux heures, « pour délibérer sur les affaires communes, police et discipline concernant les maîtres, veuves, aspirans, locataires, apprentifs, garçons, ouvriers et tous ceux qui sont soumis à la communauté [8] ».

Pour faire face à ses embarras financiers, Louis XIV créait sans cesse de nouvelles charges de Barbiers-Perruquiers. En 1719, elles étaient au nombre de sept cents [9]. Payées fort cher par les acquéreurs, elles devenaient leur entière propriété ; ils pouvaient les céder et les sous-louer [10], mais le nom seul du titulaire devait figurer sur l'enseigne de la boutique [11].

Chaque maître ne pouvait avoir à la fois qu'un seul apprenti [12].

L'apprentissage durait trois ans et était suivi de deux ans de compagnonnage [13].

Les fils de maître, les compagnons épousant une fille de maître étaient tenus seulement de l'*Expérience ;* les autres aspirants à la maîtrise devaient parfaire le *Chef-d'œuvre*, travail dont la durée était limitée à deux jours [14].

Il était interdit à un maître d'avoir plus d'une boutique dans Paris [15]. Un apprenti ne pouvait, pendant les deux années qui suivaient son admission à la maîtrise, s'établir dans le quartier du maitre chez qui il avait fait son apprentissage [16].

Barbiers-Perruquiers-Baigneurs-Étuvistes de la ville, faubourgs et banlieuë de Paris. In-4°.

[1] Article 1. — [2] Article 3. — [3] Article 9. — [4] Article 8. — [5] Article 44. — [6] Article 46. — [7] Article 14. — [8] Article 17.

[9] *Arrêt du 16 septembre 1619*, dans les manuscrits Delamarre, *Arts et métiers*, t. II, f° 116. — Il n'était pas augmenté en 1740. Voy. Savary, *Dictionnaire du commerce*, t. II, p. 424.

[10] Articles 6, 7, 48. — [11] Article 52. — [12] Article 28. — [13] Article 26. — [14] Articles 29, 30, 39. — [15] Article 55. — [16] Article 47.

Les apprentis ou compagnons changeant de maison ne pouvaient, avant une année, se replacer dans le quartier du maître qu'ils venaient de quitter [1].

Afin d'établir une distinction bien apparente entre les boutiques des Barbiers-Perruquiers et celle des Barbiers-Chirurgiens, les premiers devaient avoir « des boutiques peintes en bleu, fermées de châssis à grands carreaux de verre, et mettre à leurs enseignes des bassins blancs pour marque de leur profession et pour faire différence de ceux des Chirurgiens qui en ont des jaunes. » L'enseigne devait être ainsi conçue : *Barbier, Perruquier, Baigneur, Étuviste. Céans on fait le poil et on tient bains et étuves* [2].

A eux seuls appartenait « le droit de faire le poil, bains, perruques, étuves, et toutes sortes d'ouvrages de cheveux, tant pour hommes que pour femmes, sans préjudice du droit que les Chirurgiens ont de faire le poil et les cheveux, et de tenir bains et étuves pour leurs malades seulement [3] ». Défense était faite à tous particuliers, « soldats servans dans les compagnies des Gardes Françoise et Suisse, de faire aucuns ouvrages de cheveux, mais seulement la barbe aux soldats desdits régimens [4] ».

Les Barbiers-Perruquiers étaient autorisés à « vendre des poudres, opiats pour les dents, savonnettes, pommades et autres senteurs et essences, pâtes à laver les mains, et généralement tout ce qui est propre pour l'ornement, propreté et netteté du corps humain [5] ».

A cette époque, il y avait encore à Paris deux établissements installés sur le modèle des anciennes étuves [6] ; mais en général on désignait ainsi des maisons où les malades prenaient des bains de vapeur. La mieux organisée était celle de Popincourt : « Les douleurs de la sciatique, celles qui sont causées par le mercure qui a été donné en panacée, en sublimez et en précipitez, celles de la goutte des pieds et des mains, les paralisies universelles et particulières, les tumeurs froides et beaucoup d'autres maladies sont infailliblement guéries par l'usage des étuves vaporeuses de nouvelle invention qui se tiennent au jardin médecinal de Pincourt. » Le *Livre commode* qui nous fournit ces renseignements ajoute : « C'est une sorte de machine en laquelle on est baigné sans être dans l'eau, et en laquelle on sue aussi abondament que l'on veut sans être sec, ce qui fait que son usage ne cause ni la constipation du ventre et la foiblesse de poitrine comme les bains ordinaires, ni les évanouissemens, la chaleur intérieure et la difficulté de respirer qui sont les suites ordinaires des étuves échauffées par le feu de bois ou d'esprit-de-vin. Les malades y sont couchez sur un lit suspendu où ils reçoivent une vapeur nouvelle, anodine et fortifiante [7]. »

[1] Article 54. — [2] Article 42. — [3] Article 58. — [4] Article 59. — [5] Article 60.

[6] Ils étaient situés rue Marivaux (auj. rue Nicolas-Flamel) et rue du Cimetière Saint-Nicolas (auj. rue Chapon.)

[7] Tome I, p. 183.

Quant aux établissements de bains, ils étaient en petit nombre. Hôtels garnis fort suspects, endroits de luxe et de plaisir ouverts seulement aux riches, le bain n'y figurait le plus souvent que comme accessoire. « On se rendait chez le baigneur, dit M. Walckenaer[1], par différents motifs. D'abord par raison de santé et de propreté; c'était là que l'on prenait les meilleurs bains, les bains épilatoires, les bains mêlés de parfums et de cosmétiques. La maison était pourvue d'un grand nombre de domestiques soumis, réservés, discrets, adroits. On s'y enfermait la veille d'un départ[2] ou le jour même d'un retour, afin de se préparer aux fatigues que l'on allait éprouver, ou pour se remettre de celles qu'on avait essuyées. Voulait-on disparaître un instant du monde, fuir les importuns et les ennuyeux, échapper à l'œil curieux de ses gens, on allait chez le baigneur; on s'y trouvait chez soi, on était servi, choyé, on s'y procurait toutes les jouissances qui caractérisent le luxe et la dépravation d'une grande ville. Le maître de l'établissement et tous ceux qui étaient sous ses ordres devinaient à vos gestes, à vos regards si vous vouliez garder l'incognito; et tous ceux qui vous servaient et dont vous étiez le mieux connu paraissaient ignorer jusqu'à votre nom. » Prud'homme fonda une maison de ce genre qui devint surtout à la mode sous son successeur La Vienne. Saint-Simon[3] raconte que « le Roi, du temps de ses amours, s'alloit baigner et parfumer chez lui... On prétendoit, ajoute-t-il, que le Roi, qui n'avoit pas de quoi fournir à tout ce qu'il désiroit, avoit trouvé chez La Vienne des confortatifs qui l'avoient rendu plus content de lui-même. » Louis XIV se montra reconnaissant, le père de La Vienne devint, après Prud'homme, son premier barbier, et La Vienne fut nommé premier valet de chambre. Le roi n'en avait pas moins encore huit Barbiers servant par quartier. Leur fonction était « de peigner le Roy, tant le matin qu'à son coucher, luy faire le poil, et l'essuyer aux bains et étuves, et après qu'il a joué à la paume[4] ».

L'établissement de Prud'homme était situé rue Neuve-Montmartre; on en trouvait d'autres, célèbres aussi, rue Richelieu, rue d'Orléans, rue Vieille-du-Temple et rue des Marmouzets[5]. A cette époque, les grands seigneurs avaient souvent dans leur hôtel des salles de bains fort luxueuses. Les bourgeois qui voulaient prendre des bains à domicile, pouvaient louer moyennant vingt sous par jour une baignoire de cuivre chez un Chaudronnier, ou moyennant dix sous une baignoire de bois chez un Tonnelier[6].

Nos bains actuels datent du dix-huitième siècle. La Chesnaye des Bois écrivait

[1] *Mémoires sur la vie de Madame de Sévigné*, t. II, p. 39.

[2] « Je suis trop raisonnable pour trouver étrange que la veille d'un départ, on couche chez des baigneurs. » *Lettre de Madame de Sévigné à Bussy*, 26 juin 1655.

[3] *Mémoires*, édit. de 1881, t. I, p. 499.

[4] *Estat de la France pour 1672*, t. I, p. 92.

[5] *Le livre commode pour 1692*, édit. Éd. Fournier, t. I, p. 182.

[6] Hurtaut et Magny, *Dictionnaire de Paris*, t. I, p. 513 et 517.

en 1767 : « Il n'y a plus à Paris de bains publics que chez les Baigneurs ; cependant il y en a un fort honnête établi depuis quelques années sur le bord de la Seine, au-dessous du Pont-Royal, vis-à-vis des Tuileries[1]. » Ces bains, qui existent encore, avaient été établis sous le patronage de la municipalité, par un sieur Poitevin, qui eut pour successeur le sieur Guignard. Ce dernier dirigeait à Paris plusieurs établissements de ce genre. Dans un d'entre eux, situé à l'angle du Pont-Royal et du quai d'Orsay, les pauvres étaient reçus gratuitement sur un certificat du médecin ou du curé de leur paroisse.

Des bains plus complets étaient installés dans une maison qui faisait le coin de la rue de Bellechasse et du quai. Outre des bains de vapeur et des douches, on y trouvait une vaste piscine dans laquelle on pouvait se livrer à la natation. Les prix étaient ainsi fixés :

Bain simple....................	3	livres.	
— — par abonnement.......	2	—	
— russe....................	7	—	4 sols.
— dépilatoire et de propreté.....	12	—	
Douche composée................	12	—	
— simple..................	9	—	
— ascendante..............	3	—	

Les anciens bains du dix-septième siècle, où l'on venait ordinairement chercher tout autre chose que de l'eau, étaient représentés par l'*Hôtel des Bains de S. A. R. Mgr le duc d'Orléans,* situé au Palais-Royal, et dont l'entrée était rue de Valois. On y trouvait « des appartemens garnis, propres à recevoir des personnes de la première distinction[2] ».

Tous ces établissements étaient tenus par des maîtres Barbiers-Perruquiers-Baigneurs-Étuvistes, dont la corporation prit d'autant plus d'importance que la corporation des Barbiers-Chirurgiens disparaissait peu à peu. Mais une redoutable concurrence vint bientôt troubler la quiétude dans laquelle ils vivaient.

Bien qu'il y ait eu, dès le quinzième siècle, quelques coiffeuses pour les dames[3], le soin des chevelures féminines était en général réservé aux chambrières, et les Barbiers-Chirurgiens n'avaient jamais élevé aucune prétention à cet égard. Un homme de génie en son genre, le sieur Champagne, créa cette spécialité. « Ce faquin, dit Tallemant des Réaux[4], par son adresse à coiffer et à se faire valoir, se faisoit rechercher et caresser de toutes les femmes. Leur foiblesse le rendit si insupportable, qu'il leur disoit tous les jours cent insolences : il en a

[1] *Dictionnaire des mœurs et coutumes des François,* t. I, p. 201.

[2] Thiéry, *Guide des amateurs et des étrangers pour 1787,* t. I, p. 286, et t. II, p. 593.

[3] Jacques Duclercq, dans sa *Chronique,* les nomme *Atourneresses.* — Voy. le *Glossaire archéologique* de Gay, p. 82.

[4] *Historiettes,* édit. Monmerqué, t. V, p. 412.

laissé telles à demy coiffées ; à d'autres, après avoir fait un costé, il disoit qu'il n'acheveroit pas si elles ne le baisoient ; quelquefois il s'en alloit, et disoit qu'il ne reviendroit pas si on ne faisoit retirer un tel qui luy desplaisoit, et qu'il ne pouvoit rien faire devant ce visage-là. J'ay oüy dire qu'il dit à une femme qui avoit un gros nez : « Voys-tu, de quelque façon que je te coiffe, tu ne seras jamais bien tant que tu auras ce nez-là. » Avec tout cela, elles le couroient, et il a gaigné du bien passablement ; car, comme il n'est pas sot, il n'a pas voulu prendre d'argent, de sorte que les présens qu'on luy faisoit luy valoient beaucoup. Lorsqu'il coiffoit une dame, il disoit ce que telle et telle luy avoit donné, et quand il n'estoit pas satisfait, il adjoustoit : « Elle a beau m'envoyer quérir, elle ne m'y tient plus. » L'idiote qui entendoit cela, trembloit de peur qu'il ne luy en fist autant, et luy donnoit deux fois plus qu'elle n'eust fait. Avec cela, il estoit mesdisant comme le diable ; il n'y avoit personne à sa fantaisie. De Pologne, il alla en Suède, et revint icy avec la reyne Christine. »

Ce singulier personnage eut une fin tragique. Il fut assassiné au cours d'un voyage, et Loret raconta cet événement tout au long dans sa Gazette rimée[1].

Champagne n'eut pas aussitôt de successeur digne de lui[2], mais les dames continuèrent à rechercher des mains plus exercées que celles de leurs femmes de chambre, et l'industrie des *Coiffeurs de dames* et des *Coiffeuses* fut fondée. Le *Livre commode pour 1692* cite, parmi « les Coiffeuses qui sont fort employées, mesdemoiselles Canilliat place du Palais-Royal, Poitier près les Quinze-Vingts, le Brun au Palais, de Gomberville rue des Bons-Enfans et d'Angerville devant le Palais-Royal[3]. »

C'étaient des femmes aussi qui confectionnaient les *mouches*, dont la mode avait commencé sous Henri IV et qui firent fureur sous Louis XV. « La bonne faiseuse de mouches demeure rue Saint-Denis, à la perle des mouches, » dit le *Livre commode*[4] ; et une pièce curieuse, publiée en 1761[5], énumère les mouches qui étaient alors le plus en vogue. Placée

Près de l'œil,	elle se nommait	*la passionnée ;*
Au coin de la bouche,	—	*la baiseuse ;*
Sur les lèvres,	—	*la coquette ;*
Sur le nez,		*l'effrontée ;*
Sur le front,		*la majestueuse ;*
Au milieu de la joue,		*la galante ;*
Sur le pli de la joue en riant.	—	*l'enjouée.*

« Les plus grandes et les plus larges sont vraies mouches de cour et pour les

[1] *Muze historique* du 2 novembre 1658.

[2] Après sa mort, une comédie intitulée *Champagne le coiffeur* fut représentée sur le théâtre du Marais. Elle a été publiée en 1663.

[3] Tome II, p. 41.

[4] *Ibid.*, p. 76.

[5] *La faiseuse de mouches*, pièce réimprimée dans les *Variétés historiques* d'Ed. Fournier, t. VII, p. 9.

lieux où on les voit de loin ; car elles portent à trente ou quarante pas pour le moins, et vont attaquer un homme à la portée de pistolet. »

L'usage de se poudrer les cheveux date également du seizième siècle. Lestoile parle en 1593 de religieuses qui parurent dans les rues « masquées, fardées et poul-drées[1] ». Le monopole de la fabrication de la poudre ne tarda pas à être accordé aux Gantiers, qui eurent à ce sujet de fréquents démêlés avec les Merciers[2], les Barbiers[3] et les Amidonniers[4].

Il se fit en effet, pendant deux siècles, une effroyable consommation de poudre. Les philantropes en gémissaient, prétendant qu'avec la farine ainsi employée « on nourriroit dix mille infortunés[5] ». « L'*accommodage*, dit M. Quicherat[6], devint une véritable opération de meunerie. Elle avait lieu au milieu d'un nuage épais que le coiffeur faisait voler sur la tête du patient, enveloppé d'un peignoir et le visage fourré dans un cornet de carton, afin de n'être point aveuglé. Et comme les industriels qui distribuaient si généreusement la farine à leurs pratiques en prenaient leur bonne part pour eux-mêmes, ils justifièrent le nom de *merlans* qui leur fut donné par le peuple. Dans l'exercice de leur fonction, ils ressemblaient effectivement à des merlans qu'on va mettre à la poêle. » La Révolution eut grand'peine à détrôner la poudre, Bonaparte n'y renonça même qu'après sa campagne d'Italie.

Depuis le règne de Louis XV, les Coiffeurs l'emportèrent sur les Coiffeuses. Dagé, Coiffeur de madame de Châteauroux et de madame de Pompadour, avait équipage. Larseneur était le confident de Mesdames, filles du roi. Legros[7] publiait *l'Art de la coiffure des dames*, qui eut deux éditions en deux ans[8] et fut traduit en plusieurs langues. Ces succès suscitèrent aux *Coiffeurs de femmes* des jalousies et des haines. La corporation des Barbiers-Perruquiers leur intentèrent des procès ; ces derniers soutenaient avec raison qu'ils avaient seuls le droit de vendre des cheveux, et il était prouvé que les Coiffeurs fournissaient des chignons à leurs clientes. Deux arrêts, rendus le 27 juillet 1768 et le 7 janvier 1769, enjoignirent aux Coiffeurs de se faire inscrire dans la corporation des Barbiers ; ils résistè-

[1] *Journal du règne de Henri IV*, 8 décembre 1593.

[2] Voy. un arrêt du 4 juillet 1689 rendu contre Jean Fournereau et Jean Faron, marchands Merciers, chez qui on avait saisi « un grand mortier et quatre tamis à battre et passer la poudre à poudrer les cheveux ». — Un autre arrêt, daté du 9 juillet 1715, est plus explicite encore.

[3] Voy. un arrêt du 18 mai 1726, qui confirme le droit accordé aux Barbiers par leurs statuts de « faire fabriquer chez eux des poudres, savonnettes opiats, essences, quintessences, pâtes, » etc. ; mais à la condition que tous ces produits seront « pour leur usage particulier et consommés dans leurs boutiques et maisons, sans qu'il leur soit permis d'en pouvoir vendre et débiter, ni même d'en faire étalage à leur boutique ».

[4] L'art. 33 des statuts des Amidonniers-Cretonniers leur interdit de vendre l'amidon en poudre, leur défend même d' « avoir aucun outil ou ustensile propre à réduire l'amidon en poudre ».

[5] Voy. Mercier, *Tableau de Paris*, t. I, p. 100.

[6] *Histoire du costume*, p. 619.

[7] Il finit aussi malheureusement que Champagne. Il mourut étouffé en 1770 aux fêtes données à l'occasion du mariage du Dauphin.

[8] Paris, 1768 et 1769, in-4°.

rent longtemps, et ne se soumirent définitivement que sous Louis XVI. On sait jusqu'à quelle démence fut alors portée la coiffure des femmes; une élégante devait avoir sur la tête un échafaudage de cheveux qui égalât au moins le tiers de sa taille. De pareils prodiges exigeaient des artistes habiles, et ils étaient rares; aussi, lors de la fuite de Varennes, Marie-Antoinette eut-elle soin d'emmener son Coiffeur Léonard Autier, qui avait poussé le génie jusqu'à faire entrer quatorze aunes d'étoffe dans une seule coiffure.

La corporation des Barbiers-Perruquiers fut une des quatre que respecta l'édit d'août 1776; le ministère se proposait, d'ailleurs, de rembourser, aussitôt que la situation du Trésor le permettrait, toutes les charges, dont chacune était estimée environ trois mille livres. Le même édit déclarait libre le métier de *Coiffeuses de femmes*. Les Coiffeurs tentèrent alors de se séparer des Barbiers pour former une corporation indépendante; mais un arrêt du 25 janvier 1780 repoussa cette prétention, et leur interdit de mettre sur leur enseigne ces mots : *Académie de coiffure*[1]. On ne peut s'empêcher de trouver que l'expression était effectivement un peu ambitieuse, quand on pense à l'aspect que présentait alors la boutique d'un Perruquier. Voici la description que nous en a conservée Mercier : « Imaginez tout ce que la mal-propreté peut assembler de plus sale. Les carreaux des fenêtres, enduits de poudre et de pommade, interceptent le jour; l'eau de savon a rongé et déchaussé le pavé; le plancher et les solives sont imprégnés d'une poudre épaisse; les araignées pendent mortes à leurs longues toiles blanchies, étouffées en l'air par le volcan éternel de la poudrerie[2]. »

Au moment de la Révolution, la communauté des Barbiers-Perruquiers-Baigneurs-Étuvistes était encore placée sous l'autorité du premier Chirurgien du roi; le brevet d'apprentissage coûtait 40 livres et la maîtrise 300 livres; le nombre des maitres s'élevait à 972[3], et le bureau était situé rue Saint-Germain l'Auxerrois.

Les anciens Étuveurs paraissent avoir eu pour patron saint Michel[4]. Mais la corporation des Barbiers-Perruquiers fut placée sous le patronage de saint Louis[5].

[1] Mercier, *Tableau de Paris*, t. II, p. 192.

[2] *Ibid.*, t. VI, p. 46.

[3] Je puise ce chiffre dans la requête adressée par eux, en 1790, à l'Assemblée nationale. Ils ajoutent que 400 boutiques ont été récemment ouvertes à leur détriment « par nos garçons, disent-ils, qui nous enlèvent les pratiques que nous leur avons confiées : une concurrence funeste s'est introduite entre ces garçons et nous. Notre état ne peut être comparé à un autre, par la raison qu'ils tiennent entre leurs mains notre travail et notre fortune; c'est pourquoi une police stricte étoit établie dans notre communauté; mais actuellement nos réglemens sont méprisés. » Mercier, en 1782 (*Tableau de Paris*, t. I, p. 100) dit qu'il y avait alors à Paris 1,200 maitres, 6,000 garçons et 2,000 chambrelans (coiffeurs sans boutique).

[4] Voy. Forgeais, *Numismatique des corporations*, p. 93.

[5] Voy. l'art. 21 des *Statuts* de 1718.

STATUTS DE 1718.

I. Les Statuts, Privilèges et Ordonnances accordés à nos premiers Barbiers, leurs Lieutenans et Commis, Arrêts et Règlemens donnés en conséquence, seront exécutés selon leur forme et teneur... Nous avons maintenu et gardé, maintenons et gardons Nôtre premier Chirurgien en qualité de Chef et Garde des Chartres, Statuts et Privilèges de la Barberie de Nôtre Royaume; au droit d'avoir toute inspection, jurisdiction et connoissance du fait de la Barberie sur les Maîtres Barbiers, Perruquiers, Baigneurs, Étuvistes et tous autres exerçans la dite profession de Barbier, Perruquier ou partie d'icelle; comme aussi d'avoir sa Chambre de jurisdiction, et icelle exercer, tant en sa maison qu'en la Chambre de la Communauté desdits Maîtres Barbiers, Perruquiers, Baigneurs, Étuvistes de la ville de Paris; de présider, ou en son absence, son Lieutenant, qui ne pourra être tant à présent qu'à l'avenir que l'un des Anciens qui auront passé les charges de la dite Communauté, en toutes les assemblées desdits Maîtres Barbiers, Perruquiers, Baigneurs, Étuvistes, recueillir les voix, prononcer et conclure; avec pouvoir d'établir un Greffier pour tenir Registre de tous les actes de ladite Communauté; duquel Greffier, vacation arrivant, la nomination et provision particulière appartiendront à Nôtredit premier Chirurgien qui pourra choisir tel qu'il avisera bon être dans le nombre des Maîtres de la Communauté, lequel Greffier joüira, outre les droits particulièrement attribués à ladite qualité de Greffier, des mêmes droits, honneurs et prérogatives qui pourront lui appartenir comme Maître de ladite Communauté.

II. Nôtre premier Chirurgien ou son Lieutenant recevra en sa maison les Aspirans à la profession de Barbier, Perruquier, Baigneur, Étuviste, et tous les autres faisant quelque partie d'icelle, en quelque manière que ce soit, en la Prévôté et Vicomté de Paris, ensemble ceux de toutes les autres Villes de Nôtre Royaume qui auront un acte de refus, attesté et légalisé par le plus prochain Juge Royal des Lieux, en appellant par Nôtredit premier Chirurgien ou son Lieutenant ausdites réceptions tel nombre de Maîtres de la Communauté des Barbiers, Perruquiers de Paris qu'il avisera bon être... Et sera payé pour tous droits six livres pour Nôtre premier Chirurgien, dix livres à son Lieutenant, cinq livres à son Greffier et une livre dix sols au Prévôt-Syndic.

XIV. Le conseil sera composé de vingt-huit personnes, outre Nôtre premier Chirurgien et son Greffier; sçavoir du Lieutenant, du Doyen, des six Prévôts-Syndics en charge et de vingt des Anciens...

XXI. Chacun Barbier, Perruquier, Baigneur, Étuviste, Veuve et Locataire payeront annuellement, le jour et Fête de saint Louis, 15 sols à la Confrairie de ladite Communauté...

XXIV. Nul ne pourra être reçû dans ladite Communauté, s'il n'est de la religion Catholique, Apostolique et Romaine.

XXVI. Les Apprentifs de ladite profession seront reçûs préférablement à tous autres dans les places de Barbiers, Perruquiers, Baigneurs, Étuvistes, et ce, après qu'ils auront fait apprentissage de trois ans chez l'un desdits Maîtres sans s'absenter, et qu'ils auront travaillé chez les Maîtres l'espace de deux années consécutives après leur apprentissage, avant de pouvoir être reçûs en charge...

XXVIII. Aucun des Maîtres Barbiers, Perruquiers, Baigneurs, Étuvistes ne pourra prendre aucun Alloüé, ni avoir qu'un Apprentif à lafois; ne lui sera libre d'en prendre un second que deux ans après qu'il aura le premier, à peine de 50 livres d'amende et de 200 livres de dommages et intérêts.

XXIX. Les Fils de Maistres, et ceux qui auront épousé une fille d'un des Maistres, seront reçûs en faisant une simple expérience, et ne payeront que la moitié des honoraires ou droits que les autres Aspirans payent, excepté les droits de notre premier Chirurgien, de son Lieutenant et Greffier qu'ils payeront en entier.

XXXIX. Les Aspirans qui auront fait apprentissage chez l'un desdits Maîtres, et qui se présenteront pour être reçûs au lieu et place desdits Barbiers, Perruquiers, Baigneurs, Étuvistes, seront tenus de faire, en deux jours, le Chef-d'œuvre que les Prévôts-Syndics leur ordonneront; et quant ils seront jugés de bonnes mœurs et capables, ils seront reçûs par le Lieutenant de Nôtre premier Chirurgien et les six Prévôts-Syndics en charge; et sera payé par chacun des Apirans à Nôtre premier Chirurgien six jettons d'argent; à son Lieutenant et aux six Prévôts-Syndics en charge, à chacun la somme de six livres et quatre jettons d'argent; au Doyen de la Communauté, aux trois Anciens de la classe appellées, et au Greffier, à chacun trois livres et quatre jettons d'argent; et deux livres et deux jettons d'argent à chacun des autres Anciens, dont la classe appellée pour la Réception de l'Aspirant sera composée. Et seront les jettons du poids de trente-six à trente-huit au marc.

XL. Immédiatement après que les Aspirans auront été reçûs, ils presteront serment entre les mains de Nôtre premier Chirurgien ou de son Lieutenant, en présence des Prévôts-Syndics et Doyen, dont il sera délivré acte qui sera registré au greffe de Nôtre premier Chirurgien, à peine de nullité de ladite prestation de serment, et sera payé pour icelle par chacun Récipiendaire, sçavoir à Nôtre premier Chirurgien ou à son Lieutenant 12 livres, à son Greffier 2 livres, et à chacun desdits Prévôts-Syndics et Doyen 3 livres.

XLII. Et voulant que lesdits Barbiers, Perruquiers, Baigneurs Étuvistes ayent des marques visibles de leur art pour la propreté et ornement du corps humain; Nous leur permettons d'avoir des boutiques peintes en bleu, fermées de chassis à grands carreaux de verre, sans aucune ressemblance aux montres des Maîtres Chirurgiens, et de mettre à leurs Enseignes des bassins blancs pour marque de leur profession, et pour faire différence de ceux des Maîtres Chirurgiens qui en ont des jaunes, avec cette inscription : *Barbier, Perruquier, Baigneur, Étuviste, Céans on fait le poil et on tient Bains et Étuves.* Défendons aux Maîtres Chirurgiens et à tous autres de faire peindre leurs boutiques en bleu ni d'avoir des semblables chassis à ceux des Barbiers, et aux Barbiers d'avoir des montres semblables à celles des Chirurgiens, à peine de cinquante livres d'amende et de trois cens livres de dommages et intérêts contre chacun des contrevenans.

XLVI. Feront lesdits Prévôts-Sindics et Gardes leurs visites en vertu des présentes chez leurs Confréres, au moins quatre fois l'année, et seront seulement tenus de se faire assister d'un Sergent à verge au Châtelet de Paris, pour voir si les perruques et cheveux qui seront exposés en vente au public sont bons et marchands; et s'ils ne se trouvent pas de la qualité requise, le tout sera confisqué au profit de la Communauté. Et sera payé par chacun Confrère à chacune visite 15 sols ausdits Syndics, ausquels tous les Maîtres, Veuves et Locataires seront tenus de déclarer alors les noms de leurs Apprentifs, Garçons et Ouvriers, et s'ils sont au mois ou à l'année, et leurs demeures, à peine de 50 livres d'amende.

XLVII. Aucun nouvellement reçû ne pourra s'établir au quartier des Maîtres chez qui il aura demeuré, que deux ans aprés être sorti de chez lesdits Maîtres, à peine de cinquante livres d'amende et de deux cens livres de dommages et intérêts.

XLVIII. Pourront tous les Barbiers, Perruquiers, Baigneurs, Étuvistes, et leurs Veuves loüer leurs privilèges, sans être tenus de demeurer chez leurs Locataires, à condition que les propriétaires des privilèges loüés ne pourront travailler en aucune manière que ce soit de leur profession, à peine d'être déchus de leurs privilèges et de cent livres d'amende, et que tous les Locataires seront tenus de passer leurs Baux à loyer par devant Notaires...

XLIX. Pourront pareillement les enfans mineurs desdits Maîtres Barbiers, Perruquiers, Baigneurs, Étuvistes, loüer leurs privilèges, sans estre reçus en charge jusqu'à l'âge de vingt-cinq ans...

LV. Ne pourront lesdits Maîtres, Veuves et Locataires, même ceux des Barbiers de nostre Maison, et Famille Royale, travailler ny faire travailler de leur profession en différentes maisons, mais dans une seule, dont le bail seroit fait en leur nom, et passé par devant Notaires... Pourront néanmoins les Baigneurs, en cas de déménagement, avoir leurs Bains dans la maison qu'ils quittent pendant trois mois.

LVI. Nul Maître, Veuve ou Locataire, même ceux de Nôtre Maison et Famille Royale, ne pourront retirer ni se servir d'aucuns Garçons ni Ouvriers, sans congé par écrit des Maîtres de chez qui ils seront sortis...

LVIII. Aux seuls Barbiers, Perruquiers, Baigneurs, Étuvistes, appartiendra le droit de faire le poil, bains, perruques, étuves, et toutes sortes d'ouvrages de cheveux, tant pour hommes que pour femmes, sans qu'autres puissent s'y entremettre, à peine de confiscation des ouvrages, cheveux et ustanciles et de trois cens livres d'amende, sans préjudice du droit que les Chirurgiens ont de faire le poil et les cheveux et de tenir bains et étuves pour leurs malades seulement...

LIX. Faisons défenses à tous Particuliers, Chirurgiens, Soldats servans dans les compagnies de nos Gardes Françoise et Suisse, de faire aucuns ouvrages de cheveux, mais seulement la barbe aux Soldats desdits régimens, et d'avoir aucuns garçons ny autres demeures que celles du quartier de leurs compagnies.

LX. Permettons ausdits Barbiers, Perruquiers, Baigneurs, Étuvistes, de faire et vendre en leurs boutiques des poudres, opiat pour les dents, savonettes, pommades, et autres senteurs et essences, pâtes à laver les mains, et généralement tout ce qui est propre pour l'ornement, propreté et netteté du corps humain.

LXI. Comme aussi leurs permettons d'acheter et négocier des cheveux tant en gros qu'en détail, soit dans Nôtre Ville de Paris, Fauxbourgs et Banlieuë d'icelle, soit dans les autres Villes et Provinces de Nôtre Royaume, avec défenses de les y troubler sous quelque prétexte que ce puisse être, à peine de cinq cens livres d'amende et de trois cens livres de dommages et intérêts.

LXIII. Défendons pareillement à toutes personnes de s'entremettre pour la vente et revente des cheveux, et de les colporter à cet effet par les boutiques de Nôtredite Ville et Fauxbourgs de Paris, à peine de confiscation, et de 200 livres d'amende.

www.ingramcontent.com/pod-product-compliance
Lightning Source LLC
LaVergne TN
LVHW052036160826
845678LV00003B/1380

* 9 7 8 2 3 2 9 6 1 9 5 7 6 *